Fonn 1

Leabhrán Scrúdaithe

Cúrsa Gaeilge don Chéad Bhliain

Arna fhoilsiú ag:
An Comhlacht Oideachais
Bóthar Bhaile an Aird
Baile Uailcín
Baile Átha Cliath 12

Ball de Smurfit Kappa Group plc

Tháinig an páipéar a úsáideach sa leabhar seo ó fhoraoisí rialaithe i dtuaisceart na hEorpa. In aghaidh gach crann a leagtar, cuirtear crann amháin eile ar a laghad.

Eagarthóir: Emer Ryan
Léitheoir profaí: Dorothy Ní Uigín
Dearadh agus clóchur: Design House
Dearadh an chlúdaigh: Design House
Obair ealaíne: Helmut Kollars, Kate Shannon
Grianghraif: Shutterstock

0 1 2 3 4 5 6 7 8 9

06J16

Scrúdú sa Rang

Ainm

Rang

Scrúdú a haon		50 marc
Scrúdú a dó		50 marc
Scrúdú a trí		50 marc
Scrúdú a ceathair		50 marc
Scrúdú a cúig		50 marc
Scrúdú a sé		50 marc
Scrúdú a seacht		50 marc
Cluastuiscint		20 marc

Aonad a hAon

Aonad a hAon

A **Cuir Gaeilge ar na habairtí thíos.**   *10 marc*

1. Seán is my name. _____
2. I have one sister. _____
3. There are four in my family. _____
4. I have brown hair. _____
5. My eyes are blue. _____
6. I am the youngest in the family. _____
7. I have two brothers. _____
8. I am the eldest in the family. _____
9. I have three sisters. _____
10. I like my parents. _____

B **Scríobh an aois i bhfocail.**   *10 marc*

1. Tá mo dhearthái (17) _____
2. Tá mé (12) _____
3. Tá mo dheirfiúr (6) _____
4. Bhí breithlá agam seachtain ó shin, bhí mé (13) _____
5. Beidh breithlá mo charad ann amárach, beidh sé (15) _____

C **Líon na bearnaí thíos.**   *5 marc*

1. Tá dath _____ ar sneachta.
2. Tá dath _____ ar an ngrian.
3. Tá dath _____ ar an bhfarraige.
4. Tá dath _____ ar chóta San Niochlás.
5. Tá dath _____ ar na duilleoga ar an gcrann.

D Scríobh na huimhreacha i bhfocail.

6 marc

20 _____

40 _____

15 _____

22 _____

38 _____

56 _____

E Léigh an fógra agus freagair na ceisteanna thíos.

4 marc

Caillte — Madra darbh ainm Ruby

Tá Ruby dhá bhliain d'aois. Gruaig fhionn atá uirthi agus dath donn atá ar a súile.
Má fheiceann tú Ruby cuir glao ar Hillary ag an uimhir 097-3847678

1) Cé atá caillte?

_____

2) Cén aois í Ruby?

_____

3) Cén dath atá ar a súile?

_____

4) Cén dath atá ar a cuid gruaige?

_____

F Léigh an sliocht agus freagair na ceisteanna thíos.

5 marc

Haigh, is mise Niamh Ní Choigligh. Tá cónaí orm le mo dheatháir Eoin agus mo dheirfiúr Clíona i Loch Garman. Is mise an páiste is óige sa teaghlach. Bhí mo bhreithlá ann an tseachtain seo caite. Tá mé trí bliana déag d'aois anois. Cheannaigh mo thuismitheoirí i-pod nua dom do mo bhreithlá. Bhí áthas an domhain orm nuair a d'oscail mé mo bhronntanas. Thug mo dheirfiúr leabhar nua dom agus cheannaigh mo dheartháir geansaí Abercrombie dom. Cheap mé go raibh sé gleoite. Chuaigh mé amach le mo chairde chuig an bpictiúrlann do mo bhreithlá agus bhí an-chraic againn.

(1) Cá gcónaíonn Niamh?

_____

(2) Céard a cheannaigh a tuismitheoirí di dá breithlá?

_____

(3) Cén aois í Niamh anois?

_____

(4) Céard a thug a dheartháir di?

_____

(5) Cá ndeachaigh Niamh agus a cairde dá breithlá?

G Scríobh alt ar an ábhar thíos.

10 marc

Mé Féin agus mo Theaghlach

_____
_____
_____
_____
_____
_____
_____
_____

Aonad a Dó

| A | **Cuir Gaeilge ar na habairtí thíos.** |

① I am attending a community school.

② I'm in first year in secondary school.

③ I go to a boarding school.

④ There are lots of facilities in my new school.

⑤ It is a big school.

⑥ There is a good atmosphere in the school.

⑦ My friend is attending a gaelscoil.

⑧ I am doing ten subjects.

⑨ My friend is doing eight subjects.

⑩ The principal is very friendly.

B   Scríobh an t-am i bhfocail.   *10 marc*

1 2.30 _____

2 4.50 _____

3 12.00 _____

4 9.05 _____

5 3.15 _____

6 6.35 _____

7 1.25 _____

8 5.40 _____

9 8.00 _____

10 6.45 _____

C   Scríobh na habairtí i mBéarla.   *6 marc*

1 An t-ábhar is fearr liom ná Gaeilge.

2 Is maith liom Béarla ach is fearr liom matamaitic.

3 Ní maith liom eolaíocht agus is fuath liom stair.

4 Tá tíreolaíocht suimiúil.

5 Ní maith liom an múinteoir mar go dtugann sé an iomarca obair bhaile dúinn.

6 Tá Spáinnis leadránach.

D   Scríobh na hábhair i nGaeilge.

4 marc

1) PE _____   2) Business Studies _____

3) Art _____   4) German _____

E   Léigh an fógra agus freagair na ceisteanna thíos.

5 marc

Meánscoil Phádraig

Portlaoise, Co. Phortlaoise

Lá oscailte do dhaltaí bunscoile:
Dé Luain 22 Meán Fómhair

9.30   Cruinniú sa halla — bualadh leis an bpríomhoide agus na múinteoirí

10.30   Cuairt ar an tsaotharlann, seomra ríomhairí agus halla spóirt

11.30   Tae agus caife i seomra na múinteoirí

12.00   Turas ar na páirceanna imeartha, na cúirteanna cispheile agus ar an gcúirt leadóige.

1) Cá bhfuil Meánscoil Phádraig?

_____

2) Cathain a bheidh an lá oscailte ar siúl?

_____

3) Cén t-am a thosóidh an cruinniú sa halla?

_____

4) Cá mbeidh cupán tae nó caife ag na tuismitheoirí?

_____

5) Ainmnigh dhá sheomra a dtabharfaidh na tuismitheoirí cuairt orthu i rith an lae oscailte.

_____

F   **Léigh an sliocht agus freagair na ceisteanna thíos.**

5 marc

Is mise Tomás. Tá mé ag freastal ar an bpobalscoil áitiúil sa bhaile mór. Scoil mhór is ea í le timpeall ocht gcéad dalta. Téim ar scoil ar an mbus le mo chairde gach maidin agus bíonn an-spórt againn ag caint is ag pleidhcíocht. Tosaíonn an scoil ar a naoi agus críochnaíonn sé ar a leathuair tar éis a trí. Bíonn naoi rang againn gach lá. Tá mé ag déanamh deich n-ábhar — Gaeilge, Béarla, Fraincís, mata, líníocht theicniúil, eagrú gnó, tíreolaíocht, stair, adhmadóireacht agus creideamh. Is aoibhinn liom tíreolaíocht ach is fuath liom stair, tá sé an-leadránach agus tá an múinteoir an-chancrach ar fad! Tugann sí a lán obair bhaile dúinn gach lá. Imrím peil agus iománaíocht ar scoil agus táim ag súil go mbeidh mé ar an bhfoireann peile an bhliain seo chugainn.

①   Cén sórt scoile atá i gceist?

②   Cé mhéad dalta atá ag freastal ar an scoil seo?

③   Conas a théann Tomás ar scoil?

④   Cén t-ábhar is fearr leis?

⑤   Cén fáth nach maith leis an múinteoir staire?

G   **Scríobh alt ar an ábhar thíos.**

10 marc

Mo Scoil Nua

Aonad a Trí

A   **Cuir Gaeilge ar na habairtí thíos.**

10 marc

1. I am living in a terraced house. _____
2. My friend lives in a detached house. _____
3. My brother has an apartment. _____
4. I live beside the sea. _____
5. My house is on a main road. _____
6. I sleep in the attic. _____
7. There are three bedrooms in the house. _____
8. My aunt lives in the country. _____
9. The TV room is my favourite room. _____
10. There is a big kitchen in the house. _____

B   **Líon na bearnaí san alt thíos.**

10 marc

Haigh, is mise Cormac Ó Lineacháin. Tá cónaí orm le mo thuismitheoirí agus mo bheirt

_____ i dteach _____ i lár na tuaithe. Tá gairdín mór againn taobh thiar den teach

agus gairdín _____ againn os comhair an tí. Tá ceithre _____ leapa sa teach agus dhá sheomra

folctha. Tá mo sheomra leapa féin agam. Tá deasc agam ann agus déanaim _____ ann

gach tráthnóna. Nuair a thagann mo chairde chuig an teach éistimid le _____ i mo sheomra leapa.

Thíos _____ tá cistin mhór le háiseanna _____, seomra teilifíse agus seomra

suí. Caithim a lán ama le mo chairde sa seomra _____ ag féachaint ar an teilifís. Is aoibhinn

linn _____ de gach saghas.

nua-aimseartha	ceol	scannáin	teilifíse	staighre	scoite
mo chuid obair bhaile	beag	sheomra	deartháireacha		

C Léigh an fógra agus freagair na ceisteanna thíos.

10 marc

Teach Ar Díol
Teach leathscoite
Ar imeall na cathrach

Trí sheomra leapa, dhá sheomra folctha,
seomra teilifíse agus seomra bia
Garáiste ar thaobh an tí
Le feiceáil gach Satharn 4.00–5.30
Tuilleadh eolais ó Liam Breathnach
fón 089 9384765

1 Cén saghas tí atá ar díol? _____
2 Ainmnigh dhá sheomra atá sa teach. _____
3 Cá bhfuil an teach suite? _____
4 Cá bhfuil an garáiste? _____
5 Cén t-am ar an Satharn is féidir an teach a fheiceáil? _____

D Scríobh na habairtí thíos i mBéarla.

5 marc

1 Cuirim bainne sa chruiscín ar maidin. _____
2 Cuirim an t-im sa chuisneoir tar éis dom mo lón a dhéanamh. _____
   _____
3 Líonaim an citeal le huisce agus déanaim cupán tae. _____
   _____
4 Níonn mo dheartháir na gréithe tar éis dinnéir gach lá. _____
   _____
5 Gach tráthnóna leagaim an bord don dinnéar. _____
   _____

E   Léigh an sliocht agus freagair na ceisteanna thíos.

5 marc

Is mise Áine. Tá mé i mo chónaí i gcathair na Gaillimhe. Tá teach mór againn in aice na trá. Teach scoite atá ann le gairdín mór ar chúl an tí agus gairdín beag os comhair an tí. Níl aon gharáiste againn agus fágann mo dhaid an carr ar thaobh na sráide. Teach dhá urlár is ea é. Tá halla, seomra suí, seomra bia agus cistin thíos staighre agus tá trí sheomra leapa agus seomra folctha thuas staighre. Tá mo sheomra féin agam agus tá dath bándearg ar na ballaí. Tá a lán tithe eile in aice linn agus is breá liom ag dul go dtí an trá i rith an tsamhraidh.

1. Cá bhfuil Áine ina cónaí? _____
2. Cá bhfuil an teach suite? _____
3. Cén sórt tí atá ag an gclann? _____
4. Cá bhfágann Daid an carr? _____
5. An maith le hÁine a háit cónaithe? Cén fáth? _____
_____

F   Scríobh alt ar an ábhar thíos.

10 marc

Mo Theach

_____
_____
_____
_____
_____
_____
_____

Aonad a Ceathair

A **Cuir Gaeilge ar na habairtí thíos.**

10 marc

1. There is a supermarket in the town.

2. I go to the church every Sunday.

3. There is a post office on the main road.

4. I eat in the restaurant every Saturday.

5. I go to the library with my friends every week.

6. There are many facilities in my area.

7. There is a newsagent in the area.

8. My mum buys meat in the butcher's shop.

9. I go to the shopping centre every Saturday .

10. My dad gets a train at the train station every morning.

B **Cuir Gaeilge ar na siopaí thíos.**

6 marc

1. shoe shop _____
2. hairdresser _____
3. butcher's shop _____
4. sports shop _____
5. bank _____
6. pharmacy _____

C **Líon na bearnaí san alt thíos.**

6 marc

Haigh, is mise Eilís. Tá mé i mo chónaí i lár an _____ mhóir. Tá a lán _____ sa bhaile mór. Gach Aoine téim chuig an _____ le mo chairde chun scannán a fheiceáil agus ina dhiaidh sin téimid chuig bialann chun píotsa a ithe. Tar éis scoile ar an Satharn téim chuig an ionad _____ ag siopadóireacht le mo dheirfiúracha. De ghnáth ceannaímid leabhair sa siopa _____ agus geansaí spraoi nó bróga peile sa siopa _____.

bpictiúrlann   spóirt   áiseanna   bhaile   leabhar   siopadóireachta

D   **Léigh an fógra agus freagair na ceisteanna thíos.**

8 marc

> **Amharclann na Cille, Loch Garman**
>
> **Romeo agus Juliet**
>
> 1 Meán Fómhair–16 Meán Fómhair
> Luan–Aoine: 8.00
> Satharn–Domhnach: 3.00
> Ticéid ar fáil ó oifig na hamharclainne
> nó ar an suíomh idirlín
> www.amharclann.ie
> Praghas na dticéad: Déagóirí: €15
> Daoine fásta: €20

①   Cén amharclann ina mbeidh an dráma *Romeo agus Juliet* á léiriú?

②   Cén t-am a thosóidh an dráma ar an Satharn?

③   Conas is féidir ticéid a fháil?

④   Cé mhéad atá ar thicéid do dhaoine fásta?

E   Léigh an sliocht agus freagair na ceisteanna thíos.

Haigh!
Is mise Síle. Tá cónaí orm i mbungaló ar imeall na cathrach. Is aoibhinn liom m'áit chónaithe. Tá a lán áiseanna ann do dhaoine óga. Tá páirc peile agus cúirt leadóige chomh maith le club óige agus cumann cispheile. Ar an bpríomhbhóthar tá a lán siopaí. Ina measc tá ollmhargadh, banc, siopa poitigéara agus oifig an phoist. Gach Aoine téim chuig an ollmhargadh le mo mham agus ceannaimid arán, feoil, brioscaí, im agus bainne. Is fuath le mo dhaid an t-ollmhargadh. Fanann sé sa bhaile agus ullmhaíonn sé an dinnéar. Ag an deireadh seachtaine téann mo thuismitheoirí chuig an bpictiúrlann áitiúil.

1 Cá bhfuil Síle ina cónaí? _____

2 Ainmnigh dhá áis atá sa cheantar do dhaoine óga. _____
_____

3 Ainmnigh dhá shiopa sa cheantar. _____
_____

4 Cathain a théann Síle chuig an ollmhargadh? _____
_____

5 Cá dtéann tuismitheoirí Shíle ag an deireadh seachtaine? _____
_____

F   Scríobh alt ar an ábhar thíos.

M'áit chónaithe

_____
_____
_____
_____
_____
_____
_____
_____

Aonad a Cúig

A   Cuir Gaeilge ar na habairtí thíos.

10 marc

1. I live in Cork.
2. My sister lives in Dublin.
3. My aunt and uncle live in Donegal.
4. My friend lives in Kerry.
5. I spend the summer in Galway.
6. I love Kilkenny.
7. My parents love Mayo.
8. My grandmother lives in Waterford.
9. My brother works in Wexford.
10. My sister works in Cavan.

B   Scríobh na habairtí thíos i mBéarla.

10 marc

1. Is aoibhinn liom an samhradh; bíonn an ghrian ag taitneamh agus téim ar saoire le mo theaghlach.

2. Ní thaitníonn an fómhar liom mar go dtiteann na duilleoga de na crainn agus éiríonn an aimsir níos fuaire.

3. An séasúr is fearr le mo dheirfiúr ná an geimhreadh; tágann San Niochlás agus faigheann sí bronntanais.

4. Caitheann mo thuismitheoirí a lán ama sa ghairdín i rith an earraigh; fásann na bláthanna agus éiríonn an aimsir níos teo.

5. Sa samhradh téim ag rothaíocht faoin tuath le mo chairde agus bíonn picnic againn i lár an lae.

C   Cuireadh

Beidh cóisir mhór ar siúl i halla na scoile Oíche Shamhna. Tabhair cuireadh do do chara dul chuig an gcóisir in éineacht leat.

_____

_____

_____

_____

D   Léigh an cárta poist agus freagair na ceisteanna thíos.

A Thomáis, a chara,
Beannachtaí ó Chontae na Gaillimhe. Tá mé féin agus Breandán sa Ghaeltacht i dTír an Fhia ar feadh trí seachtaine. Is aoibhinn linn an áit.

Gach maidin téimid ar scoil agus bíonn an-chraic againn sa rang. Canaimid amhráin agus bímid ag damhsa agus ag déanamh drámaí beaga sa rang.

Tá an aimsir go hálainn an tseachtain seo agus téimid ag snámh san fharraige gach tráthnóna.

San oíche buaileann na daltaí go léir le chéile sa halla agus bíonn dioscó nó céilí againn. Beidh brón orm ag fágáil na háite.

Beidh mé ag filleadh abhaile ar an traein ar a haon a chlog an Satharn seo chugainn.

   Do chara,
   Stiofán

Tomás Ó Nualláin

23 Páirc na Coille Móire

Dún Garbhán
Co. Phort Láirge

1. Cá bhfuil Stiofán agus Breandán? _____
2. Ainmnigh rud amháin a dhéanann siad sa rang. _____
3. Cá dtéann siad gach tráthnóna? _____
4. Céard a bhíonn ar siúl sa halla gach oíche? _____
5. Cén t-am Dé Sathairn a fhillfidh Stiofán abhaile? _____

E Léigh an fógra agus freagair na ceisteanna thíos.   5 marc

Lá Fhéile Pádraig
17 Márta

8.00–12.00

Cead isteach: Daoine fásta: €15.00

Daltaí scoile: €8.00

Ticéid ar fáil ó phríomhoide na scoile

Beidh Sharon Shannon agus a grúpa ceoil ag seinm don chéilí

Beidh liomanáid ghlas ar díol ar €3 agus milseáin de gach saghas

Bígí linn don cheol agus don chraic!

1. Cá mbeidh an chóisir mhór ar siúl? _____

2. Cén t-am a chríochnóidh an chóisir? _____

3. Cé mhéad a bheidh ar thicéid do dhaltaí scoile? _____

4. Cé a bheidh ag seinm don chéilí? _____

5. Cé mhéad a bheidh ar liomanáid ghlas? _____

F Scríobh alt ar an ábhar thíos.   10 marc

An séasúr is fearr liom

_____

_____

_____

_____

_____

_____

_____

_____

_____

Aonad a Sé

A   **Líon na bearnaí thíos.**

10 marc

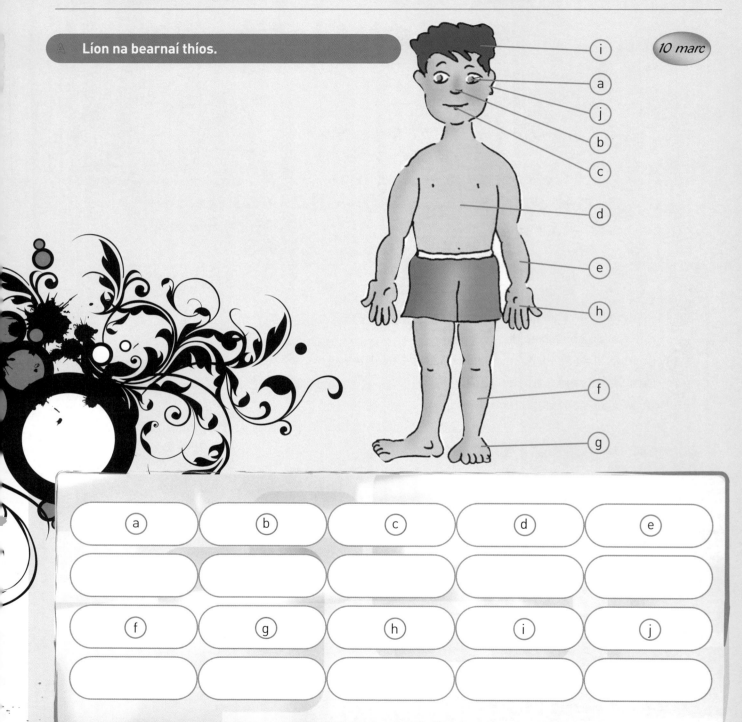

a	b	c	d	e

f	g	h	i	j

B   Cuir Gaeilge ar na habairtí thíos.

5 marc

1. I am tall but my brother is taller than I am.

   _____

2. My sister is small but my friend is smaller.

   _____

3. David is better looking than Cormac.

   _____

4. My dog Rosie is fatter than my cat Learaí.

   _____

5. She is the tallest in the class.

   _____

C   Léigh an sliocht agus freagair na ceisteanna thíos.

10 marc

Marcus Ó Suilleabháin an t-ainm atá orm. Bhain timpiste dom an Aoine seo caite agus mé ag rothaíocht i dtreo na scoile. Nuair a d'fhág mé mo theach ar a leathuair tar éis a hocht bhí sé fliuch agus gaofar. Rothaigh mé go tapa síos an bóthar ach ghlaoigh mo chara Aodhán orm agus chas mé timpeall go tobann. Ní fhaca mé an carr a bhí pairceáilte díreach os mo chomhair amach agus leagadh den rothar mé. Fágadh mé i mo luí ar an talamh. Bhailigh slua mór timpeall orm agus ghlaoigh Aodhán ar otharcharr. Tugadh mé chuig an ospidéal áitiúil ach buíochas le Dia níor gortaíodh go dona mé. Bhris mé mo chos agus bhí ar mo thuismitheoirí teacht chuig an ospidéal chun cabhrú liom. Fágfaidh mé an rothar sa bhaile as seo amach.

1. Cá raibh Marcus ag rothaíocht?

   _____

2. Cén t-am a d'fhág Marcus an teach?

   _____

3. Cén fáth ar chas sé timpeall go tobann?

   _____

4. Cár tugadh Marcus san otharcharr?

   _____

5. Ar gortaíodh Marcus?

   _____

D **Nóta**

5 marc

Fág nóta do do thuismitheoirí agus abair leo go bhfuil tú imithe chuig an ospidéal le do chara mar gur ghortaigh sé a lámh ag imirt spóirt.

_____

_____

_____

_____

E **Meaitseáil na focail agus na pictiúir thíos.**

10 marc

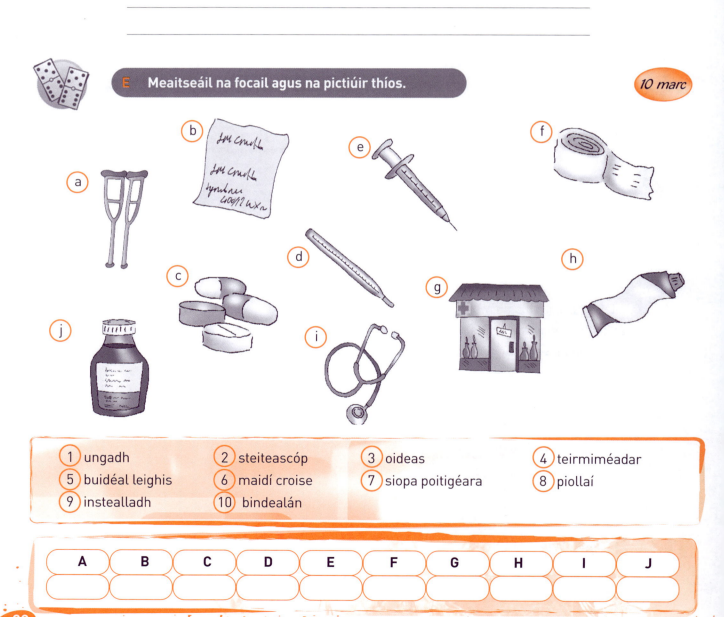

① ungadh	② steiteascóp	③ oideas	④ teirmiméadar
⑤ buidéal leighis	⑥ maidí croise	⑦ siopa poitigéara	⑧ piollaí
⑨ instealladh	⑩ bindealán		

A	B	C	D	E	F	G	H	I	J

Scríobh alt ar an ábhar thíos.

10 marc

Nuair a bhí mé tinn

_____

_____

_____

_____

_____

_____

_____

_____

_____

_____

Aonad a Seacht

A **Mo Chaithimh Aimsire**

 10 marc

Is mise Siobhán agus táim i mo chónaí i mBaile Atha Cliath. Nuair a bhíonn am saor agam is maith liom ag imirt spóirt, ag léamh, agus ag éisteacht le ceol. Imrím cispheil agus eitpheil sa chlub óige gach Satharn agus bíonn cluichí againn in aghaidh clubanna eile gach re seachtain. Bhuamar Craobh na gClubanna an bhliain seo caite san eitpheil. Is aoibhinn liom ag léamh freisin agus táim ag léamh leabhar den tsraith, *Harry Potter*, faoi láthair. Is í J.K. Rowling an t-údar is fearr liom. Éistim le ceol i mo sheomra leapa le mo chairde. Is é Justin Timberlake an t-amhránaí is fearr liom agus bhí mé ag a cheolchoirm cúpla bliain ó shin. Fuair mé na ticéid ar mo bhreithlá ó m'aintín. Bhí sé go hiontach ar fad!

① Cé na spóirt a imríonn Siobhán?

② Cathain a bhíonn cluichí in aghaidh clubanna eile ar siúl?

③ Cad a bhuaigh an club an bhliain seo caite?

④ Cén sórt leabhar a thaitníonn léi?

⑤ Cá bhfuair sí na ticéid don cheolchoirm?

B   Cuir Gaeilge ar na habairtí thíos.

4 marc

1. I play football with my friends. _____
2. We go to the swimming pool every week. _____
3. My friend plays tennis and basketball. _____
4. My dad plays golf. _____

C   Meaitseáil na focail agus na caithimh aimsire thíos.

16 marc

a

c

e

g

h

b

d

f

k

j

i

l

m

p

n

o

1 ag damhsa	2 ag seoltóireacht	3 ag canadh
4 ag éisteacht le ceol	5 ag seinm uirlis cheoil	6 ag imirt cluichí ríomhaire
7 ag marcaíocht capall	8 ag péintéireacht	9 na gasóga
10 ag féachaint ar an teilifís	11 ag imirt fichille	12 ag aisteoireacht
13 ag dul chuig ceolchoirm	14 ag dul chuig an gclub óige	15 ag dul amach le mo chairde
16 ag léitheoireacht		

A	B	C	D	E	F	G	H
I	**J**	**K**	**L**	**M**	**N**	**O**	**P**

D **Léigh an fógra agus freagair na ceisteanna thíos.**

5 marc

Ceolchoirm
Hillary Duff

Páirc an Chrócaigh
Dé hAoine 21 Lúnasa, 8.00
Ticéid €45 ar fáil ó Mháistir na dTicéad

1. Cá mbeidh an cheolchoirm ar siúl?_____
2. Cathain a bheidh an cheolchoirm ar siúl?_____
3. Cén t-am a thosóidh an cheolchoirm?_____
4. Cé mhéad atá ar na ticéid?_____
5. Cá bhfuil na ticéid ar fáil?_____

E **Scríobh na habairtí thíos i mBéarla.**

5 marc

1. Is aoibhinn liom téacsteachtaireachtaí a sheoladh chuig mo chairde.

_____

2. Imrímid cluichí ar an ríomhaire go minic.

_____

3. Taitníonn scannáin uafáis liom níos fearr ná aon scannáin eile.

_____

4. Seinnim an pianó agus an veidhlín.

_____

5. Chuaigh mé chuig ceolchoirm Rihanna an mhí seo caite.

_____

Scríobh alt ar an gcaitheamh aimsire is fearr leat.

10 marc

Cluastuiscint

Scrúdú sa Rang: **Scrúdú an tSamhraidh**

Tá na giotaí thíos ar dhlúthdhiosca an mhúinteora. Éist go cúramach leis na giotaí cainte ar an dlúthdhiosca, agus ansin freagair na ceisteanna seo thíos. Cloisfidh tú gach giota trí huaire.

Mír 1

1. Cé mhéad deartháir atá ag Eilís?

2. Ainmnigh an duine is óige sa chlann.

3. Cén aois é Fiachra?

4. Ainmnigh caitheamh aimsire amháin atá ag Fiachra.

4 marc

Mír 2

1. Céard a chonaic Niamh nuair a bhí sí ag siúl i dtreo na scoile?

2. Ar gortaíodh aon duine sa tine?

3. Céard a dúirt Séamas faoin scrúdú mata? (Is leor rud amháin)

4. Céard a bheidh ar siúl i dteach Néimhe ar a seacht?

4 marc

Mír 3

1. Céard a bheidh ar siúl i gclubtheach an chumainn leadóige?

2. Conas a úsáidfear an t-airgead?

3. Cé a bheidh ann mar fhear an tí don oíche?

4. Cathain a bheidh na ticéid ar díol sa chlubtheach?

4 marc

Mír 4

1. Cathain a bheidh an fhoireann cispheile ag imirt sa chluiche cheannais?

2. Cén t-am a fhágfaidh na busanna an scoil?

3. Cén fáth a n-osclófar an scoil oíche Aoine seo chugainn?

4. Céard a bheidh ar fáil do thuismitheoirí sa halla?

4 marc

Mír 5

① ⓐ 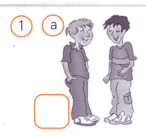 ⓑ  ⓒ  ⓓ

② Cén fáth nár chríochnaigh Liam a chuid obair bhaile? (pointe amháin)

③ Céard a dúirt Liam leis an múinteoir an tseachtain seo caite?

④ Cén obair bhaile bhreise a thugann an múinteoir do Liam?

(a) Léigh an sliocht i do leabhar ar leathanach daichead a cúig agus freagair na ceisteanna a ghabhann leis.

(b) Léigh an sliocht i do leabhar ar leathanach caoga agus freagair na ceisteanna a ghabhann leis.

(c) Léigh an sliocht i do leabhar staire agus scríobh alt faoi i do chóipleabhar.

2 marc

Mír 6

① Cén saghas scoile í?

② Cén fáth a dtaitníonn an scoil le hAoife? (pointe amháin)

③ Ainmnigh ábhar amháin a thaitníonn léi.

④ Cén fáth nach maith léi stair?

2 marc